J'ai rêvé que j'étais
une ballerine

Le foyer

une histoire racontée par Anna Pavlova
illustrée par les tableaux d'Edgar Degas

Adaptation française de Stéphanie Alglave et Cécile Giroldi

GAUTIER-LANGUEREAU

Mes tout premiers
souvenirs datent
de l'époque où je vivais
avec ma mère en ville,
dans un petit appartement.

Vue de Saint-Valéry-sur-Somme

J'étais fille unique. La mort de mon père,

deux ans après ma naissance,

nous avait laissées seules au monde.

Nous étions très pauvres, extrêmement pauvres.

Cependant, ma mère
ne manquait jamais,
à l'occasion d'une fête
ou d'un anniversaire,
de me faire une surprise :
il s'agissait le plus
souvent d'une sortie.
Je me rappelle encore
mon enthousiasme
lorsque j'appris
que nous irions voir
un spectacle au théâtre
pour fêter
mon anniversaire.

Chez la modiste

1882
degas

Ne m'étant encore jamais rendue au théâtre,
je pressai ma mère de questions afin de savoir
ce que nous allions voir au juste.

En guise de réponse, elle se mit
à me raconter l'histoire de *La Belle au Bois
Dormant*, un de mes contes préférés,
que j'avais déjà entendue maintes fois.

Sur le chemin du théâtre, j'éprouvai un sentiment
de bonheur inexprimable en marchant à côté
de ma mère, qui avait tendrement passé son bras
autour de ma taille.

« Tu vas pénétrer dans un monde merveilleux »,
me dit-elle, tandis que nous nous hâtions
dans la nuit vers le théâtre, ce lieu mystérieux
et inconnu.

La musique de *La Belle au Bois Dormant*
était celle du célèbre compositeur russe
Tchaïkovski. Quand les premiers accords
de l'orchestre retentirent, je me mis
à écouter attentivement, passionnément,
transportée pour la première fois de ma vie
par la beauté de la musique.

Violoniste assis, étude pour *La leçon de danse*

Puis, lorsque le rideau
se leva, découvrant
la salle dorée
d'un merveilleux palais,
je ne pus retenir un cri
de ravissement.

Danseuse en scène

Je me souviens que j'avais caché mon visage
dans mes mains lorsque la vieille sorcière
était apparue sur scène dans son carrosse
tiré par des rats.

Au second acte, la scène fut envahie
par une nuée de jeunes garçons et de jeunes
filles qui se mirent à tournoyer
avec une grâce inouïe sur un air de valse.

« Est-ce que tu aimerais danser ainsi ? me
demanda ma mère en souriant.

– Non, je préférerais danser comme la jolie
jeune fille qui interprète la princesse,
répondis-je. Un jour, je serai à sa place,
sur la scène de ce théâtre. »

Danseuses (rose et vert) (détail)

Ma mère murmura que j'étais une petite
fille trop rêveuse : elle ne savait pas
que je venais de découvrir ce qui allait
changer le cours de ma vie.

En quittant le théâtre, j'étais comme plongée
dans un rêve. Durant le trajet
du retour, je ne cessais de penser au jour
où je ferais ma première apparition sur scène,
dans le rôle de la Belle au Bois Dormant.

Cette nuit-là, je rêvai
que j'étais une ballerine,
et que je passais toute
ma vie à danser avec
la légèreté d'un papillon
sur la merveilleuse
musique de Tchaïkovski.

J'aime à me rappeler
cette nuit.

Répétition de ballet sur scène

Anna Pavlova dans *La Fille Mal Gardée*

À propos d'Anna Pavlova

Née dans une famille pauvre de la banlieue de Saint-Pétersbourg en Russie, Anna Pavlova (1881-1931) se sentit attirée par la danse après avoir assisté au ballet de *La Belle au Bois Dormant* avec sa mère. À cette époque, le public préférait les danseuses italiennes très athlétiques, et Anna ne semblait pas promise à un grand avenir avec ses pieds menus et son corps frêle. Cependant, après plusieurs années d'apprentissage et de persévérance, elle fut finalement admise à l'école du ballet impérial.

Au fil des ans, grâce à son talent inné et un travail intensif, Anna transforma ses faiblesses en atouts. Elle renforça ses chaussons de danse à l'aide d'une semelle de cuir afin d'acquérir davantage de vigueur. (Aujourd'hui, les chaussons de danse sont faits sur ce modèle.) Et elle tira parti de sa souplesse et de sa grâce pour donner à ses exécutions une expressivité très appréciée du public.

Finalement, elle devint danseuse étoile au théâtre Mariinski, réalisant son rêve d'enfance. Elle fit des tournées dans le monde entier : on raconte que durant quinze ans, elle parcourut plus de 560 000 kilomètres en se produisant dans 4 000 villes différentes. Son interprétation de la Mort du Cygne, passage du célèbre ballet *Le Lac des Cygnes*, a laissé un souvenir inoubliable.

En 1931, elle contracta une pleurésie, une inflammation des poumons. Les médecins auraient pu la sauver en pratiquant une opération qui l'aurait empêchée de poursuivre sa carrière ; or, elle ne put se résoudre à abandonner la danse. Ces dernières paroles auraient été : « Préparez mon costume de cygne. » Le soir qui suivit sa mort, au théâtre où elle devait danser dans *Le Lac des Cygnes*, l'orchestre se mit à jouer, le rideau se leva et un projecteur éclaira la scène vide.

À propos d'Edgar Degas

Le peintre impressionniste français Edgar Degas (1834-1917) a réalisé des peintures, des dessins, des pastels, des estampes, des sculptures et des photographies. L'un de ses sujets de prédilection était les musiciens et les danseuses de ballet de l'Opéra de Paris. Degas était tout aussi familier des séances de répétition que de l'atmosphère magique des représentations.

Degas en blouse d'atelier

Degas n'a jamais fait le portrait d'Anna Pavlova et ils ne se sont probablement jamais rencontrés. Cependant, il est possible qu'il l'ait vue sur scène à Paris, des années après qu'il avait peint la plupart de ses tableaux inspirés par la danse. Même si leurs chemins ne se sont jamais croisés, l'art de Degas et l'histoire d'Anna Pavlova révèlent une même passion et une même fascination pour le ballet.

Cette histoire est extraite de l'autobiographie d'Anna Pavlova intitulée *Pages of My Life* (traduite par Sébastien Voirol), écrite en 1922 et publiée par Michel de Brunoff, Paris.

La photographie d'Anna Pavlova figurant page 30 (qui provient d'un programme de 1910, *La Fille mal gardée*) ainsi que celle de la quatrième de couverture (*La Mort du Cygne*, 1910) sont issues de la collection théâtrale du musée de la ville de New York. Toutes les autres œuvres d'art reproduites dans ce livre sont des tableaux d'Edgar Degas (1834-1917) qui se trouvent, pour la plupart, au Metropolitan Museum of Art de New York.

Danseuses à la barre

Couverture :

Danseuse verte (détail). Pastel sur papier, 1883. Legs de Joan Whitney Payson, 1975 1976.201.7

Le foyer. Huile sur bois, probablement exécuté en 1871. Collection H. O. Havemeyer, legs de Mrs. H. O. Havemeyer, 1929 29.100.184

Vue de Saint-Valéry-sur-Somme. Huile sur toile, 1896-98. Collection Robert Lehman, 1975 1975.1.167

Repasseuse à contre-jour. Huile sur toile, 1873. Collection H. O. Havemeyer, legs de Mrs. H. O. Havemeyer, 1929 29.100.46.

Chez la modiste. Pastel sur papier vélin gris pâle, appliqué sur de la soie, 1882. Collection H. O. Havemeyer, legs de Mrs. H. O. Havemeyer, 1929 29.100.38.

Trois danseuses à leur toilette. Pastel sur papier vélin chamois, postérieur à 1878. Collection H. O. Havemeyer, legs de Mrs. H. O. Havemeyer, 1929 29.100.558

Danseuse (détail). Pastel, fusain et craie sur papier, 1880. Collection de Walter H. et de Leonore Annenberg.

La chanteuse verte. Pastel sur papier vergé bleu clair, 1884. Legs de Stephen C. Clark, 1960 61.101.7

Violoniste assis. Pastel et fusain sur papier vert, 1878-1879. Fonds Rogers, 1918 19.51.1

Danseuse sur scène. Gouache sur croquis à la mine de plomb sur papier vélin jaune couché, appliqué sur un panneau de bois, 1877. Collection Lesley et Emma Sheafer, legs de Emma A. Sheafer, 1973 1974.356.30

Le ballet de Robert le Diable (détail). Huile sur toile. Collection de H. O. Havemeyer, legs de Mrs. H. 0. Havemeyer, 1929 29.100.552

Danseuses (rose et vert) (détail). Huile sur toile, vers 1890. Collection H. O. Havemeyer, legs de Mrs. H. O. Havemeyer, 1929 29.100.42

Petite danseuse à la barre. Fusain et rehauts de blanc sur papier vergé rose, 1878-80. Collection H. O. Havemeyer, legs de Mrs. H. O. Havemeyer, 1929 29.100.943

Examen de danse (détail). Huile sur toile, probablement exécuté en 1874. Legs de Mrs. Harry Payne Bingham, 1986 1987.47.1

Répétition de ballet sur la scène. Pastel sur lavis d'encre sur fin papier vélin de couleur crème, appliqué sur du carton et marouflé sur toile, 1874. Collection H. O. Havemeyer, legs de Mrs. H. O. Havemeyer, 1929 29.100.39

Degas en blouse d'atelier. Huile sur papier appliqué sur toile, probablement exécuté en 1854. Legs de Stephen C. Clark, 1960 61.101.6

Danseuses à la barre. Huile et essence sur toile, 1877. Collection H. O. Havemeyer, legs de Mrs. H. O. Havemeyer, 1929 29.100.34

Publié pour la première fois en 2001 par le Metropolitan Museum of Art et Atheneum Books For Young Readers (filiale de Simon & Schuster Children's Publishing Division), New York, sous le titre *I dreamed I was a ballerina*.

© 2001 Metropolitan Museum of Art

© 2001, Hachette Livre / Gautier-Languereau pour l'édition française

ISBN : 201390901.2

Dépôt légal n° 11341 – Septembre 2001 – Édition 01

Imprimé à Hong-Kong

Conçu par le département des publications spéciales du Metropolitan Museum of Art.

Photographies réalisées par le studio d'art photographique du Metropolitan Museum of Art.